AF401330

ROBINET DE CLÉRY

DES

DROITS ET OBLIGATIONS

DU

PARQUET

AGENT DU GOUVERNEMENT

PARIS

C. MARPON ET E. FLAMMARION, ÉDITEURS

26, RUE RACINE, 26

1888

DES

DROITS ET OBLIGATIONS

DU

PARQUET

AGENT DU GOUVERNEMENT

IMPRIMERIE C. MASSON ET E. FLAMMARION
RUE RACINE, 26, A PARIS.

ROBINET DE CLÉRY

DES

DROITS ET OBLIGATIONS

DU

PARQUET

AGENT DU GOUVERNEMENT

PARIS

C. MARPON ET E. FLAMMARION. ÉDITEURS

26, RUE RACINE. 26

1888

DES
DROITS ET OBLIGATIONS

DU

PARQUET

AGENT DU GOUVERNEMENT

On dit beaucoup de mal de notre temps : l'opinion vient de donner cependant, avec une unanimité presque sans précédent, la preuve d'une énergique réprobation pour des pratiques tendant à fausser l'œuvre de la justice. Elle ne s'est pas passionnée pour les misérables prévenus, impliqués dans le procès des décorations. Elle s'est passionnée contre les auteurs de manœuvres occultes, de procédés déloyaux employés pour dissimuler une partie de la vérité, pour sauver celui que, dès la première heure, sans attendre les décisions bien lentes des tribunaux, elle a regardé comme un coupable que de puissantes influences tentaient de soustraire à l'application des lois.

Cette passion a tout dominé : l'intérêt politique évident du parti auquel appartenait le personnage compromis, la crainte d'un retentissement faisant scandale jusqu'au delà des frontières. La France entière, sans acception de partis, s'est montrée unie dans le même sentiment : l'amour de la justice et de la vérité.

Un tel accord à une époque où il semble que l'accord des intelligences et des volontés soit plus difficile que jamais, où l'entraînement et l'enthousiasme ne sont plus de mise nulle part, où le scandale n'émeut guère le scepticisme et l'indifférence de la foule, a lieu de surprendre. Il est d'un bon augure. C'est un réveil des instincts généreux et honnêtes de la nation, de la vieille loyauté française.

La première émotion passée, il n'est pas sans intérêt de rechercher quelle est dans l'état de notre législation la mission du gouvernement et de ses délégués, quels sont leurs devoirs stricts, les responsabilités qu'ils encourent, par quelles garanties est assurée l'égalité de tous les citoyens devant les lois pénales. Sous tous les régimes des abus d'influence ont été tentés : quelquefois ils ont été couronnés de succès. Il en sera sans doute toujours ainsi. Du moins est-il bon de connaître les prescriptions de la loi et les mesures qu'elle a prises pour rendre plus rares, plus difficiles, plus périlleuses des entreprises compromettant l'intégrité de la justice criminelle. Il convient aussi, à l'heure où la réforme du Code d'instruction criminelle est soumise au pouvoir législatif, d'examiner s'il ne serait pas utile d'y ajouter de nouvelles précautions.

.*.

En France, l'exercice de l'action publique n'a jamais été « populaire ». Dans les anciennes républiques, à Rome, par exemple, tout citoyen pouvait se porter accusateur d'un délit. Les abus engendrés par ce système n'étaient pas oubliés lorsque l'Assemblée constituante organisa sur de nouvelles bases le pouvoir judiciaire. « Si l'esprit de la République, avait dit l'avocat général Servan, veut que chaque citoyen ait pour le bien public un zèle sans bornes, la nature du cœur humain, plus infaillible dans son action que l'esprit du gouvernement civil, exige que chaque homme ait un zèle de préférence et sans bornes pour l'intérêt de ses passions. Ainsi l'institution de la liberté des accusations, au lieu de favoriser le bien public, excite et favorise d'abord l'intérêt des passions particulières. »

A Rome, la profession d'accusateur était devenue aussi dangereuse que lucrative. « On vit paraître, dit Montesquieu, une troupe de délateurs. Quiconque avait bien des vices et bien des talents, une âme bien basse et un esprit ambitieux, cherchait un criminel dont la condamnation pût plaire au prince ; c'était la voie pour aller aux honneurs et à la fortune. »

La Constitution de 1790 ne voulut pas revenir à un pareil régime. L'exercice de l'action publique ne fut pas abandonné à tous les citoyens indistinctement : il continua, comme sous l'ancienne monarchie, à être délégué à des magistrats. « L'accusation populaire, avait dit Thouret à la séance du 4 août 1790, a de grands inconvénients. Quand tout le monde est chargé de veiller, il arrive un moment où personne ne veille, et quand chacun peut accuser, l'esprit de parti, les préventions vulgaires, les préjugés et les ressentiments individuels peuvent trop aisément troubler la tranquillité publique sous prétexte de l'assurer. Conservons donc le sage établissement d'un officier public chargé d'accuser. »

Pendant la Révolution, à aucune époque, les accusations populaires n'ont été rétablies. L'accusation publique fut toujours déléguée, mais elle le fut à des fonctionnaires nommés directement par le peuple.

La Constitution de l'an VIII et le Code d'instruction criminelle ont maintenu le principe de cette délégation en le mettant d'accord avec la nouvelle forme du gouvernement. L'action publique continua à être déléguée à des fonctionnaires nommés, non plus par le peuple, mais par le chef de l'État.

C'est sous ce régime que nous vivons encore aujourd'hui, sans que les révolutions successives y aient apporté de changements notables.

« Où réside la puissance exécutive, disait un des plus savants criminalistes de la Restauration, M. Mangin, doit résider l'action de la justice criminelle, attribut essentiel de cette puissance... Il faut reconnaître que l'exercice de l'action publique est une des fonctions du pouvoir exécutif, qu'il doit se la réserver, non pour l'exercer personnellement, pas plus qu'il ne peut exercer personnellement le commandement militaire et l'autorité administrative, mais en ne la déléguant qu'à des fonctionnaires de son choix, qu'il dirige, qu'il peut révoquer. »

*

Ainsi le pouvoir d'engager des poursuites criminelles est placé sous l'autorité directe du gouvernement, non seulement parce qu'il nomme et révoque les fonctionnaires qui l'exercent, mais parce qu'il a sur eux un droit de « *direction* ».

Les dangers qui peuvent naître de ce droit de direction sont évidents. Quels remèdes la loi y a-t-elle apportés? La personne des citoyens, leurs droits de propriété, l'ordre public sont intéressés à l'exécution des lois pénales. L'esprit de persécution est aussi redoutable de la part du pouvoir qu'un aveuglement volontaire ou la faiblesse poussée jusqu'à la complaisance. L'ardeur des luttes politiques, l'intérêt électoral, les rancunes et les passions de l'esprit de parti ajoutent encore à ce péril dans un pays aussi profondément divisé que l'est aujourd'hui la France.

Trois périodes doivent être distinguées : celle où la découverte du crime provoque la mise en mouvement de l'action publique, celle de l'instruction judiciaire et celle du jugement.

Lorsqu'un crime ou un délit ont été commis, le dépositaire de l'action publique est, en général, le procureur de la République. C'est lui qui a qualité pour saisir soit le tribunal directement, soit le juge d'instruction dans le cas où une information préalable est nécessaire. Il n'en est autrement que lorsque le rang de l'inculpé lui donne droit à une juridiction privilégiée. Dans ce cas, le procureur général remplit lui-même les attributions qui appartiennent habituellement au procureur de la République.

Aucune autorité n'a le droit d'interdire au procureur de la République d'engager une poursuite. « L'improbation dont le ministre de la justice ou le procureur général frapperait les poursuites n'empêcherait pas qu'elles ne suivissent le cours que la loi a tracé à la procédure criminelle. » (MANGIN, *Traité de l'Action publique*.)

En 1827, la Cour d'Amiens avait décidé qu'une poursuite dirigée contrairement aux instructions du ministre de la justice n'était pas recevable. La Cour de cassation déclara que « c'était une erreur manifeste de prétendre que le ministre de la justice a la suprême direction de l'action publique et que l'arrêt d'Amiens avait violé la loi en décidant que l'action du ministère public était non recevable, parce que le ministre de la justice ne l'avait pas autorisée. »

Si les chefs hiérarchiques du procureur de la République n'ont pas le droit de lui interdire d'exercer l'action publique, le procureur général et le ministre lui-même peuvent lui prescrire d'intenter cette action. Ils n'ont pas le pouvoir de paralyser son initiative, mais ils ont celui de la provoquer.

L'article 274 du Code d'instruction criminelle est formel :

« Le procureur général, soit d'office, soit sur les ordres du ministre de la justice, charge le procureur de la République de poursuivre les délits dont il a connaissance. »

A la séance du 10 novembre 1887, au cours d'une discussion confuse et passionnée, le garde des sceaux, M. Mazeau, faisait à ce sujet une distinction très exacte. Il refusait de donner au tribunal de la Seine un ordre de sursis, mais il acceptait l'ordre du jour de M. Piou, l'invitant à faire ouvrir une information immédiate.

Ordonner l'ouverture d'une information rentre, en effet, dans les pouvoirs légaux du ministre de la justice.

Le ministre n'est pas la seule autorité qui ait le droit d'enjoindre au procureur général et au procureur de la République d'engager des poursuites. « Il faut, disait Napoléon Iᵉʳ au Conseil d'État, si le ministère public néglige ses devoirs, que la Cour criminelle puisse le mander et lui ordonner de poursuivre. » Ce droit d'injonction a été consacré par l'article 11 de la loi du 20 avril 1810.

En résumé, le procureur de la République agit toujours librement pour assurer l'exécution des lois pénales. Aucun ordre supérieur ne peut l'empêcher de remplir ce devoir. Quand il s'abstient, il conserve l'entière responsabilité de son abstention.

Le procureur général, le ministre de la justice peuvent l'obliger à engager des poursuites. Si le procureur de la République, le procureur général et le ministre restent inactifs, la Cour a le droit de prendre l'initiative d'une injonction de poursuites à laquelle le procureur général et le procureur de la République sont tenus d'obéir. « Attribution, disait Treilhard, bien consolante pour le pauvre et pour le faible, et qui doit avertir l'homme puissant que le crédit, la fortune et tous les avantages dont il se prévaut ne le sauveront pas des poursuites et des peines qu'il aurait pu mériter. »

Malheureusement cet article de loi est resté lettre morte : le siècle s'achève sans que les Cours aient jamais usé sérieusement de leur prérogative. Çà et là, dans quelques arrêts, elles en ont affirmé le principe sans en faire l'application. Dans les hautes régions de la politique bien des fortunes scandaleuses ont été acquises, bien des dilapidations des deniers publics ont été commises et ont obtenu l'impunité. Jusqu'à la barre des tribunaux, les débats judiciaires ont établi des faits coupables dont personne ne s'est ému. J'en pourrais citer plusieurs exemples. Pas plus que le ministère public, les Cours n'ont pris, à aucune époque, une initiative les mettant en contradiction, dans l'intérêt supérieur de la justice, avec les puissances politiques du jour.

.˙.

Il est donc permis de redouter qu'en présence d'un coupable disposant d'un crédit exceptionnel, les plus hautes autorités judiciaires, obéissant toutes aux mêmes influences, soient inertes.

Quelle ressource restera-t-il, sinon à l'intérêt public mal défendu, du moins aux intérêts privés qui seraient ainsi sacrifiés ?

Il faut bien le reconnaître : la part qui est faite aux droits de la partie lésée est tout à fait insuffisante. Trop souvent elle est condamnée à une complète impuissance.

Sauf le cas où pour des faits ne constituant que des délits, elle peut saisir elle-même le tribunal correctionnel et produire devant lui ses témoins, elle est légalement ou non recevable ou placée dans une situation d'infériorité choquante pour réunir les preuves des faits dont elle se plaint. Elle n'a aucun moyen d'obliger les magistrats à prendre des mesures pour empêcher la disparition de ces preuves.

S'il s'agit d'un crime ou si une information préalable est nécessaire, la victime peut se constituer partie civile devant le juge d'instruction. Mais cette constitution rend-elle l'information obligatoire ? Les auteurs sont divisés et la jurisprudence n'est pas formelle. D'après M. Mangin une partie qui croit avoir à se plaindre d'un refus de poursuivre de la part d'un procureur de la République n'a que la faculté de s'adresser au procureur général et de celui-ci au ministre de la justice. Recours illusoire si des motifs politiques ont déterminé l'inaction du ministère public !

M. Faustin Hélie est d'un avis contraire. Il invoque avec raison les paroles de Cambacérès devant le Conseil d'État, le 11 juin 1808 : « Lorsqu'un offensé se plaint, lorsqu'il se porte partie civile, il ne faut pas que le procureur impérial puisse le paralyser par un refus de poursuivre. »

La jurisprudence ne s'est formellement prononcée que dans un cas. Elle a refusé toute action à la partie civile lorsque l'inculpé est un grand-officier de la Légion d'honneur, un général commandant une division ou un département, un archevêque, un évêque, un président de consistoire, un membre de la Cour de cassation, de la Cour des comptes, des Cours d'appel, des tribunaux de 1re instance, un préfet et même un juge de paix ou un simple suppléant de justice de paix. Cette immunité est également accordée aux juges des tribunaux de commerce et à tous les officiers de police judiciaire, mais seulement pour les faits commis dans l'exercice de leurs fonctions. Si le procureur général refuse de poursuivre, la partie civile n'a aucun moyen de l'y contraindre, et elle ne peut agir à sa place.

En vain un décret du gouvernement de la Défense nationale a-t-il abrogé « toutes les dispositions des lois générales ou spéciales ayant pour objet d'entraver les poursuites dirigées contre des fonctionnaires publics de tout ordre, » la Cour de cassation décide que, quelque puisse être la gravité des faits imputés à des fonctionnaires de ce rang, le procureur général a seul qualité pour les poursuivre. Elle a annulé notamment pour ce motif une condamnation à l'amende prononcée par la Cour d'Angers contre M. Maurice Engelhard, préfet de Maine-et-Loire, sur la poursuite d'une partie civile.

.˙.

Il est donc bien certain que le gouvernement a par lui-même et par les magistrats à sa nomination une influence prépondérante au début des poursuites criminelles. L'initiative efficace de l'action publique lui appartient presque sans partage. La poursuite engagée, dans quelle mesure a-t-il encore sur les incidents de la procédure un droit de direction ?

Le principe de ce droit de direction est écrit dans la loi. L'article 27 du Code d'instruction criminelle prescrit au procureur de la République d'exécuter les ordres du procureur général « relativement à tous actes de police judiciaire. »

— « Le ministre de la justice, dit M. Mangin, exerce sur les procureurs généraux les mêmes droits que ceux-ci sur les procureurs du roi ; ce n'est là qu'une conséquence nécessaire de la direction que le gouvernement conserve sur l'action publique, puisque c'est de lui qu'elle émane. »

M. Mangin en conclut que « le ministre de la justice peut prescrire à un procureur général, celui-ci à ses substituts, et le procureur du roi aux siens, de faire ou requérir tels ou tels actes de procédure, une arrestation, une mise en prévention ou en accusation ; de former tel appel, telle opposition, tel pourvoi en cassation. » — « La responsabilité morale, dit-il, et, s'il y a lieu, la responsabilité légale des actes repose entièrement sur le supérieur qui les a exigés. »

Cependant l'obéissance hiérarchique ne va pas jusqu'à l'accomplissement d'actes prohibés par la loi, pouvant nuire à la défense ou contraires au devoir de scrupuleuse loyauté dont doivent s'inspirer les moindres actes des magistrats. Toute distraction ou toute destruction des pièces, effets ou objets saisis pour servir de preuve à charge ou à décharge constituerait un fait des plus répréhensibles. Les magistrats ont le devoir strict de résister à de semblables ordres s'ils leur étaient donnés.

Sur ce point le doute n'est pas permis. Les articles 37, 38 et 39 du Code d'instruction criminelle règlent minutieusement les formalités à remplir pour la saisie des papiers ou pièces à conviction. L'identité des papiers saisis doit être garantie par l'apposition du parafe de l'inculpé.

Aucune de ces pièces ne peut être restituée à des tiers ni distraite du dossier sans le consentement de toutes les parties intéressées, des inculpés et des parties civiles, quel qu'en soit le nombre. Jusqu'à l'issue du procès, ces pièces restent dans le cabinet des magistrats, sous leur garde et sous celle de leurs greffiers, comme dans un véritable dépôt public. Le procès terminé, elles ne peuvent être remises qu'à la personne en la possession de laquelle elles ont été saisies ou qui justifie en être le légitime propriétaire. L'article 173 du Code pénal serait applicable à leur détournement :

« Tout juge, dit cet article, administrateur, fonctionnaire ou officier public, qui aura détruit, supprimé, soustrait ou détourné les actes et titres dont il était dépositaire en cette qualité, ou qui lui auront été remis ou communiqués à raison de ses fonctions, sera puni des travaux forcés à temps. Tous agents, préposés ou commis, soit du gouvernement, soit des dépositaires publics, qui se seront rendus coupables des mêmes soustractions seront soumis à la même peine. »

Cet article n'est pas le seul qui protège contre tout détournement les pièces déposées dans un dossier correctionnel ou criminel.

Les articles 254 et 255 punissent de peines moins sévères, mais allant cependant, suivant la qualité des coupables, jusqu'à un an d'emprisonnement ou jusqu'à dix ans de réclusion, « les soustractions, destructions ou enlèvements de pièces ou de procédures criminelles ou d'autres papiers, registres, actes et effets, contenus dans les archives, greffes ou dépôts publics ou remis à un dépositaire public en cette qualité... »

La distinction faite par un récent arrêt de la Cour de Paris entre les actes et titres proprement dits et des écrits privés, tels

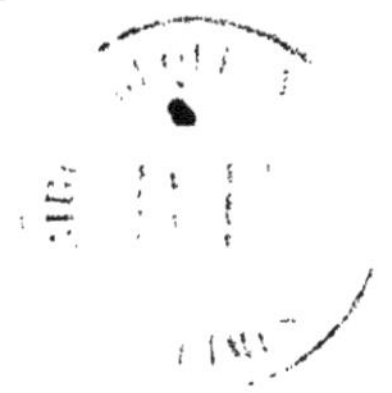

que des lettres, n'a donc d'intérêt que pour l'application de la peine. Quel que soit le caractère de la pièce supprimée, de l'écrit détruit, cette suppression, cette destruction sont des actes prévus et punis par la loi pénale. Comment pourrait-il en être autrement? Tout écrit saisi comme pièce à conviction dans un procès criminel n'est-il pas un titre pour ou contre l'inculpé, pouvant démontrer sa culpabilité ou faire éclater son innocence? Une lettre, un brouillon de lettre, quelques lignes d'écriture fournissent souvent la preuve décisive qui lui coûtera l'honneur, la liberté, peut-être la vie. Le dernier chiffon de papier peut contenir la preuve contraire et procurer à sa défense l'arme victorieuse qui assurera son salut.

La loi pénale n'atteindrait pas la destruction, la suppression, la soustraction, le détournement de tels documents, mille fois plus précieux que bien des actes, bien des titres proprement dits! La haine, la faveur, un intérêt d'argent pourraient impunément les faire disparaître. Si la loi était telle, il faudrait la corriger sans retard.

Dieu merci, il n'en est rien. Les articles 173, 254 et 255 du Code pénal, sainement interprétés, suffisent pour réprimer toute atteinte portée à l'intégrité des dossiers criminels. Il sera donc toujours facile à un magistrat de résister à des injonctions qui prétendraient lui imposer un si compromettant oubli de ses devoirs.

Son obéissance serait un crime.

.·.

En 1873 et 1874, des poursuites furent dirigées dans les ressorts de Dijon et de Lyon contre quelques-uns des organisateurs des préparatifs insurrectionnels qui avaient pour but de résister par la force au rétablissement de la monarchie.

Les perquisitions faites au domicile d'un des inculpés, Marcel Bontemps, conseiller d'arrondissement pour le canton du Creusot, trouvé détenteur de poudre de guerre, amenèrent la saisie de documents fort étranges. C'étaient les brouillons de lettres écrites par ce farouche républicain, — les unes à M. Michon, alors préfet du Puy-de-Dôme, les autres au duc d'Aumale.

« Monsieur Michon, disait-il au premier, permettez à une ancienne connaissance datant de la lutte contre l'Empire, de néfaste mémoire, de venir vous soumettre quelques réflexions sur la situation actuelle.

« La monarchie d'Henri V venant de s'éteindre par suite de sa lettre, il ne reste plus en perspective que celle des princes d'Orléans ou au pis aller celle de Napoléon IV, mais cette dernière n'a aucune chance de succès parce que paysans et ouvriers ont encore trop grand souvenir de ce règne honteux par suite de nos derniers désastres, tandis que les princes d'Orléans ont pour eux tout le prestige de leur bien-aimé père. Dans ces conditions, les princes n'ont pour arriver au trône qu'à être bienveillants, en restant dignes d'eux-mêmes, sans chercher actuellement trop ostensiblement le pouvoir, car le peuple, à l'heure qu'il est, a trop peur d'une monarchie ; puis, d'un autre côté, il convient avant d'agir d'évincer de toutes les places les bonapartistes qui les tiennent encore et qui, par ce moyen-là, sont très dangereux. Il faut donc à tout prix les évincer et les remplacer par des gens avancés.

« Le provisoire fatigant tout le monde, encore plus les républicains que les autres, ils ne demanderaient pas mieux que de s'allier aux princes d'Orléans, et par-dessus tout les républicains des villes qui sont las d'être les victimes de tous les jeux : Empire, République ou Monarchie, — et ils ne demandent pour cela qu'un peu de liberté, de repos et de travail.

« Je suis vieux dans le parti, et j'entends dire par tous les hommes influents, excepté quelques députés, chercheurs de places : Qu'on en finisse vite et qu'on nous ramène le règne de paix de Louis-Philippe, par conséquent de ses descendants, et le même gouvernement...

« En résumé, il s'agit de prendre les places du gouvernement actuel, puis gouverner paternellement, avec sagesse, prudence, mais surtout avec douceur. Puis, d'un autre côté, il faut que les hommes bien connus de ce parti fassent de fréquentes visites dans leur département, en affectant des allures libérales, et aussi que des hommes d'un rang inférieur voyagent dans les pays ouvriers et les campagnes, en rappelant les libertés dont on jouissait sous

Louis-Philippe. De cette manière le terrain sera préparé dans un avenir prochain pour les princes. Cela vaudra mieux, croyez-moi, que tous les journaux du monde. Dans tous les cas, n'ayez pas peur des républicains ; ils sont plutôt vos amis que vos ennemis ; ils ne demandent qu'un peu de liberté, ce qui n'est pas incompatible avec le règne des princes. »

Les lettres de Marcel Bontemps à M. Michon étaient nombreuses.

« Le septennat, écrivait-il un autre jour, ne peut être utile qu'à l'Empire… Je crois qu'il n'y a qu'un chemin possible, se rapprocher du centre gauche qui est aussi monarchiste que le centre droit, et que les ministres traitent en ennemis par leurs mesures impopulaires et blessantes. Une fois ce but atteint, la majorité certaine, gouverner avec douceur pour ne pas rejeter les républicains avec les impérialistes, — deux ennemis qui peuvent devenir unis pour le but commun. Puis, une fois la majorité parlementaire formée, renverser le président de la République actuel, et le remplacer par M. le duc d'Aumale, très populaire. »

Le 18 mai 1874, Marcel Bontemps s'était adressé au duc d'Aumale lui-même :

« Ce que j'avais prévu est enfin arrivé, écrivait-il. Le ministère de coalition des trois partis est à terre. Est-ce un bien ? Est-ce un mal ? Je crois que c'est un bien pour le pays d'abord, et pour vous ensuite si vous savez en tirer parti. Car, comme je vous l'ai déjà dit, vous n'avez rien à espérer de vos deux plus dangereux ennemis, mais au contraire à y perdre toute votre autorité, et même plus, votre popularité ! Le moment est bien choisi pour en revenir à la jonction des centres. Il n'y a que là où vous pouvez trouver une majorité sérieuse et compacte, et qu'il vous faut essayer de former à tout prix, même en parlant de la République, et, une fois cette majorité formée, prendre des hommes importants pour la conduire à son but, je devrais dire à votre but. Si vous ne pouvez y arriver de suite, ne perdez pas patience et vous arriverez facilement, à force de travail, à l'œuvre désirée. Le plus grand obstacle pourrait bien venir de M. Thiers, mais, en prenant des hommes de sa nuance, vous finirez par l'amener avec eux, ou bien alors il sera forcé de se jeter dans le parti extrême de la gauche pure, et de ce côté-là il serait à jamais perdu et serait en trop grande opposition avec ses anciennes idées, et il serait alors facile de le battre en brèche.

« Enfin il faut travailler à cette jonction des centres avec toute ardeur et en faisant au besoin toutes les concessions utiles à cet effet, et une fois cela fait vous serez bien près de l'étape, c'est-à-dire près du trône.

« Ne vous laissez pas influencer ni intimider par des mots. Dites à vos amis que vous voulez des faits et des produits de leur dévouement.

« Ensuite, mon Prince, faites l'organisation dont je vous ai déjà entretenu et développé le plan d'organisation et de campagne. Mais, avant tout, il est une chose qu'il est temps d'arrêter, c'est le progrès des bonapartistes, car ils n'ont jamais été si bien servis que dans ces derniers temps...

« M. Michon, préfet du Puy-de-Dôme, pourra vous être d'une grande utilité sur ces changements, car il a et vous avez des amis sûrs et populaires sur lesquels vous pouvez compter, malgré que vous les ayez laissé abattre par la coalition des bonapartistes, mais leur influence n'est pas perdue. »

La copie de ces lettres fut envoyée au ministre de la justice. Elles parurent sans doute une peinture trop fidèle de visées politiques secrètes. Le ministre adressa au procureur général de Dijon un télégramme ainsi conçu :

« Retirez du dossier les pièces concernant M. Michon et le duc d'Aumale, et abstenez-vous, s'il en est temps encore, de faire interroger M. Michon. »

Le procureur général de Dijon répondit immédiatement :

« Un scrupule invincible m'empêchera toujours de retirer des pièces du dossier ou d'arrêter l'information. Hier encore, vous étiez magistrat, vous me comprendrez. J'ai donné au gouvernement assez de preuves de mon dévouement pour pouvoir lui dire que, plutôt que d'en arriver à cette extrémité, j'aimerais mieux résigner mes fonctions. »

La correspondance de Marcel Bontemps resta au dossier, telle qu'elle avait été saisie. Elle fut produite aux débats, lue et discutée à l'audience. Marcel Bontemps fut couvert de confusion et abandonné par ses amis politiques.

.·.

Pour soutenir et au besoin pour stimuler l'indépendance du ministère public, les Cours d'appel paraissent avoir, d'après le texte de la loi, des attributions très étendues.

D'après l'article 11 de la loi du 20 avril 1810, elles peuvent, sur la dénonciation de l'un de leurs membres, « mander le procureur général pour lui enjoindre de poursuivre ou pour entendre le compte que le procureur général lui rendra des poursuites qui seraient commencées. »

D'après l'article 9 du Code d'instruction criminelle, la police judiciaire « s'exerce sous l'autorité des Cours d'appel. »

Enfin, d'après l'article 235 du même Code, elles peuvent, « dans toutes les affaires, et d'office, soit qu'il y ait ou non une instruction commencée par les premiers juges, ordonner des poursuites, et faire apporter les pièces, informer ou faire informer, et statuer ensuite ce qu'il appartiendra. »

— « Les cours impériales, disait Napoléon I, doivent devenir le centre de tout, et rien ne doit échapper à leur action. » — « Sa Majesté, disent les procès-verbaux du Conseil d'État, n'entend pas donner une police aux corps judiciaires; mais elle veut que si la propriété ou la sûreté ont été violées, ils puissent les venger. »

Rien de plus général, ni de plus absolu que les dispositions de la loi. Mais la jurisprudence leur a apporté de nombreuses restrictions. M. Faustin Hélie en résume très exactement les conséquences juridiques :

« La Chambre d'accusation enveloppe dans les poursuites dont elle est saisie tous les faits qui s'y rattachent ou qu'elle y découvre ; elle évoque, comme chambre d'instruction, les procédures dont sont saisis les juges inférieurs ; mais les Chambres assemblées peuvent seules ordonner des poursuites sur les faits qui ne se rapportent à aucune procédure et que le ministère public a refusé ou négligé de poursuivre. »

Les Chambres assemblées ne peuvent-elles pas du moins se faire rendre compte de toutes les procédures commencées, quelles qu'elles soient, comme semble l'indiquer l'article 11 de la loi du 20 avril 1810 ?

En 1861, cette question donna lieu à d'orageux débats.

M. Edmond About, alors familier du Palais-Royal, avait publié dans l'*Opinion nationale*, dont les relations avec le prince Jérôme Napoléon étaient notoires, un article très violent contre le maire de Saverne.

Des poursuites pour diffamation furent commencées. L'ordonnance du juge d'instruction avait été rendue, l'assignation était donnée, l'audience était fixée, lorsque de hautes interventions déterminèrent le maire de Saverne à se désister. Le tribunal pouvait seul donner acte de ce désistement. Mais le gouvernement tenait à étouffer complètement l'affaire et pour qu'elle ne vînt pas à la barre, même sous forme de conclusions et d'un jugement de désistement, le procureur général de Colmar vint à Saverne et s'empara du dossier qu'il emporta.

A la séance du 10 juin 1861, M. Keller fit à la tribune du Corps législatif le récit de cet incident :

Pour la presse officielle, semi-officielle ou tout au moins privilégiée, ce n'est pas assez de l'impunité, ce n'est pas assez de l'attrait du scandale; on laisse un libre cours au zèle prévenant des fonctionnaires.

Un pamphlétaire, dans trois feuilletons de l'*Opinion nationale*, s'en prend à l'innocente ville de province qui l'abrite pendant la belle saison, et qui n'a d'autre tort que de ne lui avoir pas encore élevé de statue, de ne lui avoir par même donné un siége dans son conseil municipal. Indignement calomnié dans sa vie publique et privée, le maire n'écoute que la voix de sa conscience et dépose une plainte en diffamation. Peu importe que, plus tard, M. le ministre de l'intérieur le supplie ou le somme de la retirer. Le maire n'est pas seul offensé; l'honneur de vingt familles a été cruellement blessé; et d'ailleurs l'Alsace entière se sent insultée dans la personne de cet infortuné maire « Sauerkraut », dont le nom seul est une insulte à notre agriculture; et dans la personne de cet infortuné sous-préfet Ignatius, en qui l'on veut sans doute atteindre un des courageux sénateurs qui défendent le Saint-Siége. D'ailleurs, le délit est constant; la justice est saisie; les assignations sont données, l'audience est fixée. L'affaire en étant là, il n'est pas de force humaine qui puisse l'empêcher d'avoir son cours; il n'est pas de force humaine qui puisse empêcher un tribunal saisi de se prononcer.

Au moment où l'opinion publique attendait ainsi avec une légitime satisfaction, la veille même de l'audience, un bruit se répand avec la rapidité de la foudre.

De Paris est tombé tout à coup un personnage mystérieux muni de pouvoirs supérieurs; ce personnage demande communication du dossier, le met dans son sac, et, à la stupeur du Tribunal, l'emporte pour l'examiner à loisir.

Sans doute on craignait la passion des unes; on craignait peut-être l'influence occulte de la Société de Saint-Vincent-de-Paul.

Le fait est qu'à l'heure qu'il est le personnage dont je parle, qui n'est autre, dit-on, qu'un certain procureur général, conserve le dossier et l'examine encore; et l'Alsace attristée, blessée dans son honneur, l'Alsace se demande si un pareil mépris de la légalité est possible en France, et se dit que, certainement, l'Empereur ne sait pas comment on rend la justice en son nom.

Le retentissement de ces paroles fut considérable.

Le 17 juin, les Chambres réunies de la Cour de Colmar, convoquées par le premier président, s'assemblèrent ; elles se reconnurent compétentes, et « prenant, dit leur arrêt, en grave considération les observations présentées par le premier président »… elles renvoyèrent leur délibération à un mois.

Dans l'intervalle, la Cour de cassation avait été saisie. Le 12 juillet 1861, elle rendit un arrêt cassant l'arrêt de la Cour de Colmar et restreignant le droit des Cours d'appel de se faire rendre compte des poursuites commencées au cas où ces poursuites ont été engagées sur leurs injonctions.

Quels que soient les actes accomplis au cours d'une poursuite engagée en dehors d'elles, elles ne peuvent intervenir.

.·.

En présence d'une telle jurisprudence, l'indépendance de caractère des magistrats reste la garantie presque unique des intérêts de la justice menacés par des interventions arbitraires et par des abus de pouvoir.

La déférence que les officiers du ministère public doivent aux ordres de leurs chefs va-t-elle jusqu'à les obliger à prendre pour le règlement d'une information des réquisitions écrites, contraires à leur opinion personnelle, lorsqu'elles leur sont imposées? Doivent-ils, malgré leur conviction, étouffer une affaire en requérant une ordonnance de non-lieu? D'après un vieil adage, si à l'audience leur parole est libre, leur plume est-elle serve pendant l'instruction?

Au mois de février 1872, M. le comte de Chambord s'était rendu à Anvers. Des manifestations hostiles auxquelles prirent une part active les frères Peltzer, de sinistre mémoire, abrégèrent son séjour. Des faits du même genre se produisirent à Lille et dans quelques localités de l'arrondissement de Lille.

Un arrêt de la Chambre des mises en accusation de la Cour de Douai en contient le récit très exact.

Le dimanche 25 février 1872, un certain nombre de personnes du département du Nord, appartenant à l'opinion légitimiste, se rendirent à

Anvers pour saluer M. le comte de Chambord. Le départ avait eu lieu sans bruit, et le retour se serait effectué de même, à l'insu sans doute du plus grand nombre des habitants de Lille, si la population de cette ville n'avait été provoquée au désordre par un article du *Progrès du Nord* inséré dans le numéro du même jour, distribué à deux éditions dans le courant de la journée, en négligeant, contrairement à la loi, le dépôt qui eût averti l'autorité des dangers qu'allait courir l'ordre public. Toujours est-il que des propriétés furent saccagées, des violences graves commises sur les personnes, sans que la police y apportât le moindre obstacle.

Dans cet article intitulé : *La Conspiration monarchique*, il était dit notamment :

« A l'heure où paraît ce numéro, aujourd'hui dimanche 25 février,
« six heures du matin, un train spécial emporte de Lille vers Anvers, la
« fine fleur des légitimistes du Nord qui vont saluer leur maître. Les or-
« ganisateurs de cette petite fête de famille sont les hauts et puissants
« barons Colombier-Batteur, Pajot et Destamps. Ces nobles descendants
« des grands fondateurs de la France n'ont pu résister au désir d'aller
« s'agenouiller devant le Roy... Destamps, Pajot et Colombier-Batteur et
« fils, de par les traditions de leur race, étaient les conducteurs désignés
« des sujets d'Henri V... Colombier-Batteur, Pajot et Destamps ont donc
« obtenu la faveur d'un train spécial pour conduire les pèlerins à la
« Mecque, pardon, à Anvers! Ces messieurs de la légitimité ne se gênent
« plus. La conspiration monarchique s'étale effrontément au grand jour.
« Les conjurés battent le rappel des fidèles et vont les faire enrôler à
« Anvers, les bandes s'organisent et les chemins de fer sont au service
« de ces fauteurs de désordres. Qu'aurait dit M. Colombier-Batteur, ce
« défenseur acharné de M. de Rotours, le candidat officiel de l'Empire,
« si nous avions demandé un train spécial pour aller acclamer en Bel-
« gique quelque représentant de la démocratie : Louis Blanc, Victor
« Hugo ou Garibaldi ?

« Pour eux (les monarchistes), patrie n'est qu'un vain mot, ils le
« remplacent par le mot parti. A la joie avec laquelle, à l'assemblée, ils

« parlent des défaites des armées républicaines, on peut deviner le dépit
« que leur auraient fait éprouver les victoires de ces armées.

« D'ailleurs les royalistes n'ont pas de plus chers amis que les enne-
« mis de la France... En 1791, les nobles d'alors, les pères des légiti-
« mistes d'aujourd'hui, viennent combattre les armées françaises sous
« les ordres de Brunswick. Oui, en combattant la Révolution française,
« ils ont, sur le champ de bataille, combattu côte à côte avec les Prus-
« siens.

« Et vous voulez que ces anciens soldats de Brunswick éprouvent
« une patriotique haine pour les soldats de Bismarck ! Allons donc ! le pa-
« triotisme , c'est bon pour les petites gens, les Jacobins et les démo-
« crates. . . . .

« .....*Républicains, veillez, à leur rentrée parmi nous, sur ces nou-
veaux émigrés. »

Un peu plus bas, une seconde note faisait connaître l'heure de la
rentrée du train d'Anvers à Lille.

« Ainsi que nous le disons plus haut, c'est ce matin qu'a lieu le dé-
« part pour Anvers de la caravane légitimiste. Le train quittera la gare
« de Lille à 6 heures 38 minutes, il y rentrera le même jour à 10 heures
« 55 minutes du soir. »

Masure, rédacteur du *Progrès du Nord*, se reconnaît l'auteur de ces
deux articles dans lesquels il trace, pour ainsi dire, le programme des
scènes de désordre qui vont se produire et auxquelles on le voit
assister.

Effectivement, il est sur la place de la Gare depuis quelque temps
déjà, accompagné d'un certain nombre de personnes, pendant que le
peuple averti et excité par ses articles s'y est assemblé lui-même en
foule bruyante du milieu de laquelle partent les cris de : Vive la Commune ! A bas les riches ! Vive la République ! A bas Chambord ! et, en
même temps, des voitures de maître qui se dirigent vers la gare sont
assaillies et en partie brisées, et leurs cochers maltraités.

Vers onze heures un quart, les voyageurs d'Anvers sortent de la
gare par une porte latérale, rue des Buisses : la première personne qu'ils

aperçoivent est Masure, immobile au milieu de la rue, pendant, qu'en face de lui, sur le trottoir, une vingtaine de personnes poussent le cri : « Les voilà! », aussitôt suivi d'un coup de sifflet. A cet appel, la foule qui attendait sur la place de la Gare, se précipite en hurlant sur les voyageurs. M. Pajot, avoué, accompagné de son jeune frère, apercevant Masure, l'interpelle vivement en lui demandant si c'est lui qui dirige ce mouvement? *Non*, répondit-il, mais *je l'approuve*, et MM. Pajot sont assaillis par la foule qui, en les injuriant, les accable de coups et les menace de mort, de sorte que, tout meurtris, ils gagnent difficilement le corps de garde de la place. Aux cris : A bas Pajot, se mêlaient ceux de : A bas Bayart! A bas Destamps et autres.

MM. Fernaux Clara, de La Couture, ont été aussi très gravement maltraités et blessés. Ce dernier même était à bout de forces quand, sur ses cris de détresse, il fut secouru par l'intervention courageuse du nommé Piron.

Mmes du Hays et de Lanquesaing, accompagnées de leurs fils, eurent également à subir non seulement mille avanies, mais tirées à bas de leur voiture; il leur fut jeté des pierres et de la boue; on arracha leurs chapeaux et on leur tira les cheveux en les bousculant aux cris de : *Vive la Commune!* Vive la guillotine! A bas les calotins!

Pendant deux heures, le plus grand trouble régna dans la ville; les cris, les vociférations les plus hideuses portèrent la terreur chez les habitants paisibles; la foule furieuse se transporta devant la maison des personnes réputées appartenir à l'opinion légitimiste; des pierres furent lancées contre ces maisons et des vitres brisées, notamment chez M. Pajot, député du Nord, chez M. Dubois, rue du Molinel, chez M. Fiévet, rue d'Angleterre, à la maison contenant les bureaux du *Propagateur*.

Si l'information n'a pu amener la découverte des auteurs de ces nombreux délits, au moins est-il permis d'en trouver la cause dans les articles sus-visés qui contiennent, avec l'indication de l'heure du retour des voyageurs d'Anvers, une excitation à leur faire une réception qui fut, comme l'dit l'asure dans son numéro du lendemain, *une leçon dure*,

mais bien méritée. « *Républicains, veillez, à leur rentrée parmi nous, sur
« ces nouveaux émigrés.* » Tel est le résumé de conseils dont l'exécution
pouvait être plus terrible encore contre des personnes que l'on qualifiait
d'ennemis de la patrie, excitant ainsi le mépris ou la haine des citoyens
les uns contre les autres, et provoquant aux scènes qui ont troublé la
ville de Lille dans la soirée du 25 février.

Une information fut ouverte par le procureur de la République
de Lille. Quelques-unes des victimes de ces violences se consti-
tuèrent parties civiles. Néanmoins, par deux dépêches réitérées
les 5 et 15 avril 1872, le procureur général de Douai intima au
chef du parquet de Lille l'ordre de requérir une ordonnance de
non-lieu.

Le procureur de la République de Lille prépara un réquisitoire
renvoyant au contraire l'information devant la Chambre des mises
en accusation. Il le transmit en ces termes au procureur général :

« J'éprouve un scrupule invincible à prendre d'autres réquisitions. C'est à mes yeux une question de conscience et d'honneur.
Je ne puis exprimer dans un acte de mon ministère le contraire de
ce que je pense.

« Avant de déposer au dossier mon réquisitoire, je vous prie
de vouloir bien le transmettre à M. le garde des sceaux. Je ne veux
rien faire qui puisse engager dans une poursuite qui a un caractère politique la responsabilité du gouvernement malgré lui et à
son insu. L'expression de ma conviction personnelle, formée par
une longue étude du dossier et par une mûre réflexion, ne peut pas

changer. Je crois remplir un devoir de loyauté en vous faisant cette communication, quelque pénibles que puissent en être pour moi les conséquences. »

— « Dois-je conclure de ce langage, répliqua le procureur général, que vous vous refusez à suivre les instructions qui vous ont été et vous seraient de nouveau adressées pour le règlement de cette procédure? Je vous prie de me donner une réponse catégorique à ce sujet. »

La réponse catégorique ne se fit pas attendre. « Si je reste procureur de la République à Lille, écrivit le magistrat interpellé, la pièce que je vous ai transmise en communication sera déposée au dossier des poursuites. »

Après quelques jours d'attente, le réquisitoire dont le procureur général de Douai avait reçu d'avance une copie, fut transmis au juge d'instruction qui y fit droit en rendant une ordonnance de renvoi devant la Chambre des mises en accusation de la Cour de Douai.

Le procureur général, remplissant les fonctions du ministère public près la Chambre des mises en accusation, requit alors lui-même le non-lieu qu'il avait en vain voulu imposer au procureur de la République et au juge d'instruction de Lille.

La Cour lui résista comme ces deux magistrats. Elle rendit un arrêt renvoyant M. Masure devant la Cour d'assises. Le procureur général se vit forcé par ses attributions de soutenir l'accusation qu'il avait voulu étouffer.

Après avoir exercé son droit de récusation dans l'intérêt de la défense, en présence des parties civiles impuissantes, — la loi ne leur accordant aucun moyen d'écarter les jurés dont elles redoutaient le parti pris, — le procureur général demanda au jury un acquittement qui fut prononcé, — mais la Cour condamna M. Masure à mille francs de dommages-intérêts envers les parties civiles.

Le procureur de la République avait poussé à son extrême limite la résistance aux ordres hiérarchiques. Il l'avait fait, sous la sanction d'une révocation à laquelle il s'exposait, qu'il provoquait même. « Aucune mesure n'ayant été prise, écrivait-il, contre le personnel de la police qui a gravement manqué à ses devoirs, les magistrats de Lille, responsables pour leur part du maintien de l'ordre public, paraîtraient, en innocentant de semblables excitations, s'associer à des défaillances dont tous les honnêtes gens sans distinction de parti ont été scandalisés. »

Comment refuser d'ailleurs au procureur de la République le droit d'exprimer librement son opinion pour le règlement des procédures, puisque la loi lui accorde un droit d'appel distinct de celui du procureur général contre les ordonnances du juge d'instruction, la Cour restant juge souveraine de ces conflits d'opinion?

.•.

La pression exercée sur les magistrats est surtout dangereuse lorsqu'en respectant toutes les formes extérieures de la légalité elle altère par des moyens occultes d'influence le libre fonctionnement de la justice criminelle.

Au lendemain de la révolution de Juillet, le dernier rejeton d'une race illustre, le duc de Bourbon, mourut dans les circonstances les plus tragiques, le 27 août 1830. Il avait perdu, par la mort violente de son fils, le duc d'Enghien, tout espoir de perpétuer dans sa descendance le grand nom de Condé. Séparé dès sa jeunesse de sa femme, la princesse Bathilde d'Orléans, sœur de Philippe Égalité, il avait, à l'âge de soixante ans, formé une étroite liaison avec une anglaise nommée Sophie Dawes (¹), devenue par son mariage baronne de Feuchères.

La fortune du duc de Bourbon était immense. Le revenu de ses immeubles s'élevait à deux millions environ. Le sort de cette fortune préoccupait la cour pendant les dernières années de la Restauration. A qui le duc de Bourbon devait-il la laisser? Tout le portait vers la branche aînée de sa famille, la communauté de sentiments et de souvenirs, la fraternité d'armes sur les champs de bataille de l'émigration, tandis que son union malheureuse avec la princesse Bathilde d'Orléans avait été impuissante à créer des liens d'estime et d'affection entre lui et les neveux de cette princesse, descendants de Philippe Égalité.

---

1. Sophie Dawes, qui avait été actrice à Covent-Garden, était fille d'un pêcheur réduit par ses désordres et son ivrognerie à une misère abjecte et dont les enfants furent élevés par la charité publique. (*Dictionnaire de Larousse.*)

Sa sœur, la princesse Louise de Condé, ne cachait pas sa répugnance pour ses parents de la branche cadette. Le 18 octobre 1801, alors que le duc d'Enghien vivait encore, elle écrivait au duc de Bourbon :

« Est-ce que vous ne vous démenez pas pour marier votre fils! Je sais que c'est difficile, mais il ne faudrait pas tenir aujourd'hui à des princesses royales : notre mère et bien de nos grand'mères ne l'étaient pas. Je me méfie un peu de votre paresse sur cet article. Pour Mlle d'Orléans (¹), je vous dirai bonnement que, malgré tous les pardons du monde, je ne me soucierais pas de ce sang-là. »

La vivacité des sentiments de la princesse Louise persistait malgré les années. En cela, elle était d'accord avec le prince de Condé, son père, à qui elle écrivait, le 26 novembre 1809, à la nouvelle du mariage de Louis-Philippe d'Orléans avec Marie-Amélie de Bourbon, princesse des Deux-Siciles :

« Vous avez bien raison de juger, comme vous le faites, ma manière de penser sur la nouvelle de Naples. Je n'oublierai jamais combien ma pauvre Lisette m'amusait à Fribourg et combien je lui trouvais de bon sens quand elle me répétait sans cesse :

« Mais, madame, est-ce qu'on laissera ces trois frères-là se marier?

« Mais, madame, il faut les empêcher d'avoir des enfants.

1. La princesse Adélaïde d'Orléans, sœur de Louis-Philippe.

« Mais, madame, il n'est pas possible qu'on laisse cette race-là se perpétuer. »

« Malheureusement, tout le monde ne pense pas aussi bien que la bonne Lisette. »

Quoique le duc d'Enghien eût par sa mère du sang d'Orléans dans les veines, il avait eu jusqu'à sa mort les mêmes sentiments.

Il écrivait à son père, le 30 avril 1802 : « Je ne veux ressembler aux d'Orléans, ni les imiter en quoi que ce soit... De tels modèles sont indignes de moi... Cette idée est révoltante pour moi (¹). »

.*.

La Restauration avait eu lieu. Louis-Philippe d'Orléans avait pris place dans la famille royale, d'abord comme Altesse Sérénissime. Charles X, à son avènement, lui avait accordé le titre, très désiré par lui, d'Altesse Royale. « Nous ne sommes qu'une fa-

---

1. Ces extraits de correspondance sont empruntés à l'histoire des trois derniers princes de la maison de Condé, d'après les correspondances originales et inédites de ces princes, publiée par M. Crétineau Joly, en 1872 (Berche et Tralin, éditeurs).

L'auteur disait dans sa préface :

« Toutes les lettres, notes ou papiers secrets qui servirent à composer ce livre ou à former mon opinion sur tel ou tel fait, sur tel ou tel personnage, se trouvent, à partir de ce moment, à la disposition des intéressés et des curieux. Chacun aura, sans restriction aucune, le droit de les examiner, de les contrôler, ou de les consulter. »

mille, lui dit à cette occasion le vieux roi qu'il devait détrôner ; nous n'avons qu'un intérieur commun. Je veux que vous me regardiez comme un père et que nous soyons toujours tous bien unis.

Il n'y avait, dans la branche aînée, aucun prince en situation de transmettre à sa descendance l'opulent héritage du duc de Bourbon. Le duc d'Angoulême n'avait pas d'enfants. Le duc de Bordeaux, fils posthume du duc de Berry, était appelé à la couronne : ses biens personnels étaient destinés à se confondre avec le domaine de l'État.

L'occasion était propice pour faire passer dans la maison d'Orléans l'héritage du duc de Bourbon. Le projet primitif était de faire adopter par le prince sans enfants le duc d'Aumale, alors âgé de cinq ans.

Une adoption paraissait plus sûre qu'un testament qui peut toujours être révoqué. Mais, à la pensée de se créer une paternité adoptive, le souvenir de son malheureux fils, le duc d'Enghien, envahissait l'âme du duc de Bourbon. Son cœur se révoltait en songeant qu'il lui faudrait le remplacer.

Pour réussir, il était habile d'intéresser à cette négociation la baronne de Feuchères, toute-puissante sur l'esprit du prince septuagénaire. Une correspondance s'engagea entre cette femme et Marie-Amé'·, duchesse d'Orléans.

« D'après la conversation que j'ai eue avec M. le prince de Talleyrand, écrivait, le 6 août 1827, la baronne de Feuchères, je prends la liberté de réitérer à Votre Altesse Royale le désir extrême que j'ai de voir l'adoption de M. le duc d'Aumale par Monseigneur le duc de Bourbon; mais Votre Altesse Royale sentira que, malgré le vif désir de voir réaliser un projet qui perpétuerait le nom de Monseigneur le duc de Bourbon et comblerait les vœux de toute la France, je ne puis que, par degrés, toucher le cœur de mon bienfaiteur sur un sujet qui réveille toujours des souvenirs pénibles! Je puis assurer cependant Votre Altesse Royale que je mettrai toute ma sollicitude à obtenir un résultat qui remplirait ses vœux et à entretenir le tendre intérêt que M. le duc de Bourbon porte déjà à Monseigneur le duc d'Aumale. »

La duchesse d'Orléans se hâta de répondre :

« J'ai reçu, madame, par M. le prince de Talleyrand, votre lettre du 6 de ce mois, et je veux vous témoigner moi-même combien je suis touchée du désir que vous m'exprimez si positivement de voir mon fils le duc d'Aumale adopté par M. le duc de Bourbon. J'étais déjà instruite de votre intention d'engager M. le duc de Bourbon à faire cette adoption, et puisque vous avez cru devoir m'en entretenir directement, je crois devoir à mon tour ne pas vous laisser ignorer combien mon cœur maternel serait satisfait de voir perpétuer dans mon fils ce beau nom de Condé, si justement célèbre dans les fastes de notre maison et dans ceux de la monarchie française. Toutes les fois que nous avons entendu parler de ce projet d'adoption, ce qui est arrivé plus souvent que nous ne l'aurions voulu, nous avons constamment témoigné, M. le duc d'Orléans et moi, que si M. le duc de Bourbon se déterminait à le réaliser, et que le Roi daignât l'approuver, nous serions très empressés de seconder ses vues; mais nous avons cru devoir à M. le duc de Bourbon, autant qu'à nous-mêmes, de nous en tenir là, et de nous abstenir de toute démarche qui pourrait avoir l'apparence de provoquer son choix ou de vouloir le presser. Nous avons senti que plus cette adoption pouvait présenter d'avantages pour celui de nos enfants qui en serait l'objet, plus nous devions observer à cet égard le respectueux silence dans lequel nous nous sommes renfermés jusqu'à présent. Les douloureux souvenirs dont vous nous parlez, et dont il est si naturel que notre bon oncle soit tourmenté sans cesse, sont pour nous un motif de plus de continuer à l'observer, malgré la tentation que nous avons quelquefois éprouvée de le rompre dans l'espoir de contribuer à l'adoucir; mais nous avons cru nécessaire de toutes manières de nous borner à attendre ce que son excellent cœur et l'amitié qu'il nous a constamment témoignée, ainsi qu'à nos enfants, pourront lui inspirer à cet égard.

« Je suis bien sensible, madame, à ce que vous me dites de votre sollicitude d'amener ce résultat que vous envisagez comme devant remplir les vœux de M. le duc de Bourbon. Je vous assure que je ne l'oublierai jamais, et croyez que si j'ai le bonheur que mon fils devienne son fils adoptif, vous trouverez en nous, dans tous les temps et dans toutes les circonstances, pour vous et pour tous les vôtres, cet appui que vous voulez bien me demander, et dont la reconnaissance d'une mère doit vous être un sûr garant. »

Ainsi encouragée et stimulée, la baronne de Feuchères mit en jeu ses plus puissants moyens de séduction. Le duc de Bourbon résista longtemps. La baronne n'avait encore rien obtenu, lorsque, le 1ᵉʳ mai 1829, elle lui écrivit une lettre « l'implorant à genoux » pour le décider.

« Le Roi et la famille royale désirent, disait-elle, que vous fassiez choix d'un prince de votre famille pour hériter un jour de votre nom et de votre fortune. On croit que c'est moi seule qui mets obstacle à l'accomplissement de ce vœu, et même on va jusqu'à croire que si je n'étais pas auprès de vous, cette espérance de la France entière aurait été déjà réalisée. Cette position m'est trop pénible pour que je puisse la supporter plus longtemps, et je vous supplie, my dearest friend, au nom du tendre attachement que vous m'avez témoigné depuis tant d'années, de faire cesser cette cruelle position où je me trouve, en adoptant un héritier.

« Après bien des réflexions, mon opinion est que c'est le jeune duc d'Aumale qui réunit le plus de titres à cette haute faveur ; le jeune prince est votre filleul, et vous est doublement attaché par les liens du sang. Il annonce de plus, dans un âge aussi tendre, des moyens qui le rendent digne de porter votre nom. Ne vous arrêtez pas, je vous en conjure, à l'idée que cette adoption va vous causer le moindre embarras. Rien ne sera changé dans votre manière de vivre habituelle : c'est une simple formalité à remplir, et alors vous serez tranquille sur l'avenir, et on me laissera auprès de vous, sans penser à m'éloigner dans aucune circonstance. Si, malgré tout ce que je viens de vous dire, votre cœur trop froissé ne vous portait pas à faire cette adoption, j'ose dire que l'affection et le désintéressement que je vous ai toujours montrés méritent que vous le fassiez pour moi. Vous assurerez par là, my dearest friend, la bienveillance de la famille royale et un avenir moins malheureux à votre pauvre Sophie. »

Cependant le duc de Bourbon luttait toujours. Contre quelles obsessions? La lettre qu'il écrivit quatre mois plus tard — le 20 août 1829 — à Louis-Philippe d'Orléans, le fait suffisamment comprendre.

« L'affaire qui nous occupe, Monsieur, entamée à mon insu et un peu légèrement par Mme de Feuchères, m'est infiniment pénible, vous avez pu le remarquer. Outre les sou‑venirs déchirants qu'elle me retrace et auxquels je ne puis encore habituer mes tristes idées, je vous avoue que d'autres motifs ne me permettent point de m'en occuper en ce moment. On me taxera peut-être de faiblesse à cet égard; mais c'est sur vous que je compte pour excuser et faire excuser cette faiblesse, bien pardonnable à mon âge et dans ma triste position. Mon affection pour vous, Monsieur, et les vôtres, vous est assez connue; elle doit donc vous garantir l'intention dans laquelle je suis et que je vous manifeste ici, de vous en donner un témoignage public et certain. Je viens aujourd'hui en appeler à votre générosité, à votre amitié pour moi et à la délicatesse de vos sentiments, pour que je ne sois pas *tourmenté et harcelé comme je le suis depuis quelque temps* pour terminer une affaire qui se rattache à d'autres arrangements, et que je ne veux d'ailleurs conclure qu'avec toute la maturité et la réflexion dont elle est susceptible. Je compte donc sur votre amitié pour moi, je vous le répète, *pour obtenir de Mᵐᵉ de Feuchères qu'elle me laisse tranquille sur ce point*. De vous il dépend d'éviter entre elle et moi une brouille ou au moins un froid qui ferait le malheur du reste de mon existence. »

Appel douloureux et touchant qui ne fut pas entendu! La baronne de Feuchères ne lâcha pas prise. Dix jours après, le 30 août 1829, le duc de Bourbon signait un testament léguant sa fortune au duc d'Aumale, et à la baronne de Feuchères le château de Saint-Leu avec une dizaine de millions. Il avait refusé jusqu'à la fin l'adoption et la transmission de son nom.

Mais le testament ainsi obtenu était révocable. Une année ne s'était pas écoulée que de terribles événements vinrent mettre en question le maintien de cet acte de dernière volonté. Louis-Philippe d'Orléans était devenu roi des Français. Charles X. et son petit-fils le duc de Bordeaux, étaient proscrits; ils quittaient la France dans une telle pénurie que le vieux roi était forcé de vendre son argenterie. « Que deviendront-ils »? disait le duc de Bourbon en fondant en larmes à son chirurgien Bonnie. Dès les premiers jours il s'était fait apporter une somme d'un million pour être prêt à quitter la France. Il avait refusé de laisser arborer le drapeau tricolore à

Chantilly, et malgré une démarche personnelle de la nouvelle reine, Marie-Amélie, il s'était abstenu de paraître à la Chambre des pairs.

Le 26 août 1830, le duc de Bourbon sortant, pâle et tremblant, d'un entretien orageux avec la baronne de Feuchères, envoya au comte de Choulot un courrier pour le mander en toute hâte à Saint-Leu.

C'était le départ. Depuis les événements de Juillet, le prince avait prévenu à plusieurs reprises le comte de Choulot qu'il comptait sur lui pour l'accompagner s'il se déterminait à quitter la France.

La journée s'acheva sans incident. Le comte de Cossé-Brissac, venu pour conférer d'affaires, resta à dîner. Le duc de Bourbon se fit lire son journal, prit part à la conversation; à neuf heures et demie, il reconduisit son hôte jusqu'au vestibule. Puis il se mit au whist qui dura jusqu'à onze heures et demie : il reprocha une impasse imprudente à son partner, perdit onze fiches, et alla se coucher avec le plus grand calme en disant : A demain.

Il donna l'ordre de le réveiller le lendemain matin à huit heures. Il remonta sa montre de chasse et il la déposa sur sa table de nuit.....

Le lendemain, 27 août, il était trouvé étranglé, accroché à l'espagnolette d'une fenêtre par un nœud de tisserand si solidement formé qu'un valet de pied eut beaucoup de peine à le détacher. Tous les témoins vivant dans la familiarité du duc de Bourbon déclarèrent « qu'il leur paraissait impossible que le prince se fût pendu lui-même. »

« Depuis une chute à la chasse, par suite de laquelle il avait eu la clavicule gauche cassée, il ne pouvait élever la main gauche au niveau de sa tête. En 1793, il avait reçu à la main droite un coup de sabre qui lui coupa les tendons de trois doigts. Quoique parfaitement guéri, il éprouvait beaucoup de gêne de cette main. Ainsi il lui aurait été impossible de faire les nœuds. »

Chateaubriand avait raconté, plusieurs années auparavant, dans ses Mémoires sur le duc de Berry, le combat où le duc de Bourbon fut atteint de cette blessure :

« Les trois Condé, renouvelant l'aventure de la bataille de Senef, déployèrent une valeur héroïque ; le vieux Condé, dans le village même de Berstheim qu'il reprit à la tête des gentilshommes à pied ; le duc de Bourbon, en avant du village, dans une charge de cavalerie où il fut grièvement blessé d'un coup de sabre au poignet ; le duc d'Enghien dans une autre charge de cavalerie par laquelle il s'empara d'une pièce de canon, après avoir eu ses habits percés de balles et de coups de baïonnette. »

La vérité est que le duc de Bourbon, entré dans sa soixante-quinzième année, ne pouvait plus nouer lui-même les cordons de ses souliers.

Personne ne s'y trompa. Le général de Rumigny, envoyé immédiatement par Louis-Philippe, rendit compte en ces termes de ses premières impressions :

Le procès-verbal a été fait par les soins de M. Lavillegonthier, qui a agi aussi maladroitement que possible. Les soupçons ne se portent sur personne encore, mais Dieu sait ce qu'on apprendra, car je dois dire que la mort n'a pas l'air d'avoir été un suicide.

« Il est important qu'on ne puisse accuser personne en qui le testament ne vienne pour faire accueillir les soupçons. »

Mᵐᵉ de Feuchères était là avec ses deux âmes damnées, — son neveu, James Dawes, le valet de chambre Lecomte. Avant l'apposition des scellés les papiers avaient été fouillés.

« Il y a déjà été regardé », écrivit le 27 août le baron Pasquier, président de la Chambre des pairs.

Un brigadier des forêts affirma avoir surpris la conversation suivante entre la baronne de Feuchères et son neveu se promenant dans le parc de Chantilly : « M. James lui dit : Oh! il vivra encore longtemps. Mᵐᵉ de Feuchères lui répondit alors : Bah! il ne tient guère; aussitôt que je le pousse avec mon doigt, il ne tient plus : il sera bientôt étouffé. »

L'instruction dura de longs mois. Elle avait été évoquée par la Cour de Paris qui délégua un de ses membres, M. de la Huproye. Le conseiller rapporteur entendit tous les témoins, puis consciencieusement, honnêtement, il rédigea son rapport concluant à la mise en accusation de la baronne de Feuchères. La baronne de Feuchères en cour d'assises, Louis-Philippe régnant! M. de la Huproye résista à toutes les instances qui lui furent faites pour modifier son rapport ; mais, sur une dernière démarche faite chez lui par le procureur général, il consentit à accepter sa mise à la retraite.

Quelques jours après, les deux Chambres des mises en accusation et des appels correctionnels réunies rendaient, le 1er juin 1831, sur un nouveau rapport fait à la hâte, un arrêt déclarant « qu'il n'était pas établi que la mort du duc de Bourbon fût le résultat d'un crime. »

En vain le prince Louis de Rohan, parent du défunt, qui s'était constitué partie civile, déféra-t-il cet arrêt à la Cour de cassation. Il fut déclaré non recevable, le ministère public qui avait provoqué l'arrêt de non-lieu ne s'étant pas pourvu en cassation.

Ainsi fut tenue la promesse faite par Marie-Amélie dans sa lettre de 1827 à la baronne de Feuchères :

« Vous trouverez en nous, dans tous les temps et dans toutes les circonstances, pour vous et pour tous les vôtres, cet appui que vous voulez bien me demander et dont la reconnaissance d'une mère doit vous être un sûr garant. »

.·.

Après plus d'un demi-siècle, ce sont encore les Chambres d'accusation et correctionnelle réunies de la Cour de Paris qui ont été saisies, en 1887, d'un scandaleux procès. Des trafics d'influence, des actes de corruption, abrités par l'inviolabilité du Président de la République, avaient été bruyamment signalés. La disparition de pièces saisies au cours d'une information criminelle, le vol avec effraction de papiers chez M. Portalis, une violente agression commise sur la personne de ce journaliste ajoutaient à la gravité exceptionnelle de faits dont la France entière était émue. Tous ces faits étaient connexes, s'éclairant et se complétant les uns par les autres.

Si jamais la réunion dans une même information de tous les éléments complexes de la vérité judiciaire à découvrir a semblé nécessaire, c'est bien dans cette déplorable affaire. L'article 235 du Code d'instruction criminelle a été fait pour régulariser la jonction des instances et lui faire produire toute son efficacité.

« Comme la Cour impériale est à portée, disait M. Faure dans son exposé au Corps législatif, par la nature de ses attributions, de connaître les relations des affaires entre elles, et les points souvent délicats par lesquels elles se rapprochent et se tiennent, elle peut informer et faire informer d'office sur les faits survenus à sa connaissance. Le soin d'apprécier les cas qui l'exigent est subordonné à sa prudence. En un mot, le projet lui donne tous les moyens nécessaires pour empêcher qu'aucun crime ne reste impuni. »

M. Faustin Hélie reconnaît qu'en vertu de cet article, « la Chambre d'accusation peut étendre les poursuites dont elle est saisie à tous les faits qui peuvent s'y rattacher, à toutes les personnes qui peuvent y être impliquées.... qu'elle peut ordonner une information lorsqu'en examinant quelque procédure dont elle est saisie, elle découvre les traces d'un crime ou d'un délit.... qu'elle peut évoquer l'instruction des affaires dont sont saisis les juges inférieurs. »

Dans l'exposé des motifs de l'arrêt du 13 décembre 1887, la Cour a semblé vouloir répondre au reproche d'avoir limité ses recherches :

« Là se limite la procédure soumise à l'examen de la Cour, l'autorisation de poursuites contre Wilson n'ayant été demandée à la Chambre des députés que sous l'inculpation de complicité de soustraction frauduleuse de pièces ou de détournement de titres. »

Cependant la Cour restait maîtresse d'instruire sur les faits, d'en rechercher les auteurs et les complices, de comprendre dans la poursuite tous autres prévenus. Sur les révélations de la procédure, il eût été facile au procureur général de s'adresser à la Chambre et de provoquer une extension de l'autorisation de poursuites contre le député compromis.

En restreignant sa mission, la Cour a favorisé une usurpation très dangereuse de la Chambre des députés. L'enquête parlementaire a continué concurremment avec l'information judiciaire. Des recherches minutieuses et délicates se font mal dans un milieu où toutes les passions, toutes les influences de la politique se donnent libre carrière. Elles ne sauraient remplacer utilement l'action calme et froidement impitoyable d'une justice intègre. Un arrêt d'évocation aurait empêché l'éparpillement des poursuites dans quatre cabinets d'instruction, et cette lamentable affaire ne se serait pas compliquée des incidents inouïs qui ont accompagné la révocation d'un des magistrats instructeurs.

* *

L'instruction terminée, le magistrat qui porte la parole à l'audience comme représentant du ministère public doit conserver l'entière liberté de son opinion. Sans liberté, il n'est pas de dignité pour la parole publique. Sans doute il est convenable qu'un substitut confère avec ses chefs hiérarchiques et prenne en grande considération leurs avis. Mais il n'est jamais tenu d'accuser contre sa conviction.

S'il persiste dans sa dissidence, il doit en prévenir le chef dont il relève. Celui-ci peut lui retirer le dossier et venir soutenir lui-même son opinion.

Le décret du 6 juillet 1810 a organisé pour les rapports des avocats généraux avec le procureur général un mode très solennel de règlement de ces conflits d'opinion.

« Dans les causes importantes et ardues, dit l'article 48 de ce décret, les avocats généraux communiqueront au procureur général les conclusions qu'ils se proposent de donner : ils feront aussi cette communication dans toutes les affaires dont le procureur général voudra prendre connaissance. Si le procureur général et l'avocat général ne sont pas d'accord, l'affaire sera rapportée par l'avocat général à l'assemblée générale du parquet, et les conclusions seront prises à l'audience, conformément à ce qui aura été arrêté à la majorité des voix. »

L'article 49 ajoute :

« En cas de partage, l'avis du procureur général prévaudra ; le procureur général pourra aussi, lorsque son avis n'aura pas prévalu, porter lui-même la parole à l'audience, et conclure d'après son opinion personnelle. »

Ces formes solennelles paraissent aujourd'hui surannées. Quoique légalement en vigueur, les articles 48 et 49 du décret du 6 juillet 1810 sont tombés en désuétude. Peut-être faut-il le regretter. Ils étaient le témoignage du respect que mérite la libre et loyale opinion d'un magistrat.

***

Il faut bien le reconnaître. Se flatter de supprimer par des articles de loi les abus d'influence et les tentatives de pression des pouvoirs politiques dans les procès criminels serait une grande illusion. Cependant des améliorations peuvent être apportées à la législation. Grandir la situation des juges d'instruction, mieux assurer leur indépendance et celle des magistrats du ministère public, donner à la partie civile une part plus large dans les informations judiciaires, rendre plus pratique et plus efficace l'intervention supérieure des Cours d'appel, en leur inspirant, s'il est possible, la résolution d'user de leur prérogatives, tels seraient les principaux progrès à réaliser sans porter atteinte au fonctionnement si délicat de la justice criminelle. Les Chambres qui renversent tant de ministères sont saisies depuis huit ans d'un projet de réformes qui n'aboutit pas. A entendre les orateurs, voire même les ministres, des abus intolérables résulteraient de la législation actuelle. Elle n'en est pas moins maintenue, et l'on ne voit même pas atténuer, par de sages tempéraments dans la pratique, les inconvénients et les injustices si bruyamment dénoncés.

NOMINATION DES JUGES D'INSTRUCTION

Le juge d'instruction, juge unique en première instance des questions de la plus haute gravité, n'a pas dans la hiérarchie judiciaire une situation assez indépendante. Inamovible comme juge, il doit à la nomination du chef de l'État la délégation qui l'investit de ses fonctions spéciales. A ce titre, il est révocable par le gouvernement. Il serait plus convenable de faire désigner, à l'expiration de chaque année judiciaire, tous les juges d'instruction du ressort par la Chambre des mises en accusation, si bien en situation d'apprécier la valeur de leurs travaux et n'ayant d'autre intérêt que celui du service.

DISTRIBUTION DES AFFAIRES

Dans les sièges où les juges d'instruction sont nombreux, la distribution des affaires par le parquet choisissant à son gré pour un procès déterminé le juge d'instruction qui lui inspire le plus de confiance est aussi, pour le ministère public, un moyen d'influence excessif. Il serait plus sage de confier cette répartition au président du tribunal dans les sièges éloignés du chef-lieu de la Cour d'appel, et, au chef-lieu de la Cour, au président de la Chambre des mises en accusation.

4

A plus forte raison, la distribution des affaires entre les Chambres correctionnelles, dans les tribunaux où il en existe plusieurs, doit appartenir non pas au parquet mais au président.

Le juge d'instruction, qui est aujourd'hui trop souvent traité comme un subordonné, n'osant ni faire arrêter un prévenu ni le laisser en liberté sans l'autorisation du parquet, deviendrait un véritable tribunal. La désignation annuelle par la Chambre des mises en accusation, le droit accordé à toutes les parties intéressées de recourir à cette haute juridiction, empêcheraient les abus. Le magistrat à qui serait confiée cette grave et délicate fonction serait loin d'exercer une toute-puissance sans contrôle, mais son indépendance mieux garantie ne lui laisserait d'autre préoccupation que celle de rendre une exacte justice entre tous les intérêts contradictoires qui se rencontrent dans un procès criminel. Le ministère public prendrait devant lui des réquisitions, et les ordonnances, rendues à charge d'appel, seraient des décisions entièrement impartiales, formant un premier degré de juridiction.

INDÉPENDANCE DES MAGISTRATS DU PARQUET POUR LES RÉQUISITIONS DÉFINITIVES

On ne saurait réclamer la même indépendance pour le procureur de la République exerçant l'action publique sans l'autorité du gouvernement. Il ne saurait être question d'abroger l'article 27 du Code d'instruction criminelle réglant sa dépendance hiérarchique. Une seule exception devrait être introduite. L'information terminée, des injonctions pour le règlement des procédures sont déplacées. Le procureur de la République doit être laissé libre de prendre les réquisitions définitives que l'étude du dossier et sa conscience lui inspirent. Liberté sans danger, puisque l'article 135 actuel du Code d'instruction criminelle donne au procureur général le droit de former opposition à toutes les ordonnances du juge d'instruction.

ACTION DIRECTE DE LA PARTIE CIVILE DEVANT LE JUGE D'INSTRUCTION

Quant à la partie civile, la loi devrait rendre formellement obligatoire l'ouverture des informations qu'elle requerrait en consignant les frais. Une des principales innovations proposées est la suppression des instructions secrètes. La procédure serait communiquée à la partie civile comme au prévenu. On ne peut obliger le juge d'instruction à accomplir tous les actes demandés par elle; — ce serait une source dangereuse de tracasseries et d'abus. — Mais il serait répondu à ces demandes par des ordonnances qu'elle pourrait déférer à la Chambre des mises en accusation.

On ne verrait plus se produire, sans une discussion contradictoire et sans un recours à la juridiction supérieure, le fait étrange dont la défense a eu à se plaindre dans le procès de l'*Union générale*.

Le juge d'instruction avait ordonné à un de ses délégués « de prendre, soit auprès de la chambre syndicale des agents de change, soit auprès de celle des coulissiers, et au besoin en se transportant dans les bureaux de ceux des dits agents ou coulissiers qui n'auraient pas encore produit leur état de situation, tous renseignements utiles sur les points ci-après :

1° Le nombre et les cours des titres *achetés* ou *vendus*, tant à terme qu'au comptant ;

2° *Les noms des clients* pour lesquels ces *achats* ou ces *ventes* étaient opérés et les quantités de titres afférents à chacun d'eux.

Pour l'exécution de cette délégation, l'envoyé du juge d'instruction avait à relever tous les faits de spéculation à la baisse comme tous les faits de spéculation à la hausse sur les actions de l'*Union générale*. En même temps que les folles opérations de M. Féder, la coalition des baissiers aurait été dénoncée.

Le délégué du juge d'instruction rencontra parmi les baissiers des noms qui l'arrêtèrent net. Il n'exécuta que la moitié de sa mission, releva les achats sans relever les ventes, et la défense ne put jamais obtenir l'accomplissement de la seconde partie des recherches primitivement ordonnées. Lacune aussi regrettable pour l'histoire financière de notre époque que pour l'entière manifestation de la vérité devant la justice.

ACTION DIRECTE DE LA PARTIE CIVILE CONTRE LES FONCTIONNAIRES

Le privilège en vertu duquel les fonctionnaires d'un rang élevé — depuis les généraux de division jusqu'aux suppléants de justice de paix — ne peuvent être poursuivis que par le procureur général est excessif et ne saurait être maintenu. Un lanceur d'affaires comme M. Cornélius Herz, promu d'une manière si rapide et si étrange à la dignité de grand-officier de la Légion d'honneur, échapperait, quoiqu'il pût faire, à toute poursuite d'une partie civile, même si dans les discussions de presse auxquelles il prend part, il commettait une diffamation. D'après la jurisprudence actuelle, un grand-officier de la Légion d'honneur ne doit compte de ses actes, fussent-ils des délits, qu'au procureur général. La partie civile doit pouvoir prendre l'initiative de tous les procès correctionnels et criminels, sans exception. Les tribunaux et les cours ont en revanche le droit d'ajouter à la condamnation aux dépens les peines de la dénonciation calomnieuse contre la partie civile qui aurait engagé une action méchamment et de mauvaise foi. En cas d'abus, ils useraient de ce droit dans toute sa rigueur.

RÉCUSATION DES JURÉS PAR LA PARTIE CIVILE

Pour les affaires renvoyées devant la cour d'assises, il convient d'admettre la partie civile à partager le droit de récusation du ministère public. Cette innovation est d'autant plus importante et d'autant plus nécessaire que la partie civile ne peut plus poursuivre aujourd'hui que devant la cour d'assises la plupart des délits de presse, soulevant presque toujours, de près ou de loin, quelque question politique. Quand le procès est engagé par un adversaire du gouvernement, le ministère public unit son droit de récusation à celui de la défense et l'institution du jury se trouve faussée.

POURVOI EN CASSATION DE LA PARTIE CIVILE CONTRE LES ARRÊTS DE LA CHAMBRE DES MISES EN ACCUSATION

Enfin la partie civile doit avoir, comme le ministère public, le droit de se pourvoir en cassation contre les arrêts de la Chambre des mises en accusation. C'est le droit que la Cour de cassation a refusé au prince de Rohan dans l'affaire de la baronne de Feuchères.

EXTENSION DU DROIT DES COURS D'APPEL

La Chambre des mises en accusation, appelée à exercer sur toutes les informations un contrôle efficace, recevrait des notices résumant les réquisitions adressées aux juges d'instruction du ressort et les ordonnances de ces magistrats. Elle aurait le droit d'évoquer d'office toutes les procédures et de remplir alors les attributions que lui confère l'article 235 du Code d'instruction criminelle.

Ces attributions ne rendraient pas inutile, comme on l'a soutenu, la prérogative que donne aux Chambres réunies l'article 11 de la loi du 20 avril 1810. Il n'est pas impossible de supposer des cas exceptionnellement graves dans lesquels les cinq magistrats de la Chambre des mises en accusation pourraient manquer de l'autorité et de l'énergie nécessaires pour prendre des mesures réclamant beaucoup de détermination et de courage. Une délibération de la Cour tout entière donnerait plus de poids à ces solennelles résolutions du pouvoir judiciaire.

L'occasion en serait sans doute bien rare.

Les chambres d'accusation, prenant à cœur leur mission, suffiraient presque toujours aux nécessités de la justice qui serait ainsi plus exacte, plus respectée. On ne suspecterait plus le mobile de ses actes les plus graves; suivant l'expression de Thouret, on ne croirait plus si facilement que « le crédit, la fortune, et tous les avantages dont se prévaut l'homme puissant peuvent le sauver des poursuites et des peines qu'il a méritées. »

.·.

Le projet de loi, adopté par le Sénat en 1882 et actuellement soumis à la Chambre des députés, bien loin de porter remède aux inconvénients de la législation en vigueur, les aggrave d'une manière effrayante.

« Il semble que ce projet, dit le rapport adressé à la Chambre des députés, se soit attaché à pourchasser, en quelque sorte, dans les moindres replis du Code les rares dispositions qui pouvaient encore fournir au citoyen, lésé par un acte délictueux, le droit de veiller lui-même à la conservation de ses intérêts; qu'il ait voulu faire disparaître tous les tempéraments admis jusqu'à ce jour au monopole excessif de l'État, et réparer, suivant un mot heureux, les erreurs libérales du législateur impérial. »

Pour ne citer que ses principales dispositions, il supprime l'obligation pour le juge d'instruire d'office sur la plainte de la partie civile. Il raye le droit d'évocation des Cours d'appel à qui il ne permet plus d'étendre les poursuites au delà des limites tracées par les réquisitions du procureur général : enfin il abroge l'article 11 de la loi du 20 avril 1810 donnant aux Chambres réunies le pouvoir d'enjoindre au procureur général d'ouvrir une information.

L'opinion de M. Dauphin, soutenant devant le Sénat que le ministère public suffit à tout, niant la possibilité d'une négligence ou d'une abstention de la partie publique, a prévalu. L'ancien procureur général a repoussé avec un suprême dédain les objections tirées de l'intérêt de la partie lésée :

« L'État ne doit pas aux simples particuliers les juges d'instruction. Il n'y a pas obligation pour lui de fournir à tous les plaignants les moyens d'action que la législation a créés pour la défense de la société et dont son représentant — le Ministère public — a seul droit de disposer. »

Ces théories de pur arbitraire, cette confiscation absolue de l'action publique par le pouvoir ministériel, ont soulevé à la Chambre des députés des protestations énergiques. Elles seraient, dit avec raison le rapport de la commission de la Chambre « menaçantes pour les droits des citoyens. »

M. Faustin Hélie affirmait que le droit de la partie civile d'obliger à ouvrir une information sur sa plainte résultait du texte des lois impériales, et il en démontrait avec éloquence l'impérieuse nécessité.

« Le concours des parties lésées, disait-il, pour procéder aux premières investigations, pour recueillir les premiers indices et pour entamer la poursuite, a toujours paru l'un des éléments les plus puissants de la répression. Ce sont les sentinelles de la justice, elles l'avertissent en jetant un cri d'alarme. Or, comment dénier à celles qui se prétendent blessées et qui demandent une réparation l'enquête qu'elles sollicitent? Comment repousser l'auxiliaire le plus actif, parce qu'il est le plus intéressé?... Il est de la nature des meilleures institutions de produire, à côté des avantages qu'elles procurent, quelques inconvénients; mais lorsqu'elles ont pour objet d'assurer, lorsqu'elles assurent en effet la défense et la protection du droit, quels inconvénients peuvent balancer la grandeur de ce résultat? »

Ce droit, jugé si nécessaire par un des plus éminents criminalistes du second Empire, serait supprimé sous la République en même temps que les prérogatives des Cours, instituées « comme une garantie d'ordre et de haute moralité publique, comme une protection des citoyens contre l'arbitraire gouvernemental! »

Il y a péril, puisque de pareilles dispositions ont pu trouver place dans le texte d'une loi adoptée par le Sénat. Il semble que ce soit le cas, pour les plus respectueux serviteurs de la justice, de s'unir sans distinction de parti, quand il en est temps encore, dans une énergique protestation pour la sauvegarde d'aussi graves intérêts. Tous les justiciables sont menacés, dans un pays où les changements politiques sont si fréquents, par un projet organisant un tel régime de despotisme judiciaire et supprimant, en face du ministère public tout-puissant, les dernières ressources de l'initiative privée, alors qu'il faudrait au contraire étendre et fortifier ses moyens d'action.

Les hommes qui sont aujourd'hui en possession du pouvoir et qui disposent de la majorité au Parlement ne devraient pas oublier, ne fût-ce que par intérêt personnel, que les lois votées par eux seront peut-être un jour appliquées contre eux. *Hodie mihi, cras tibi.* — Ils s'honoreraient, et ils feraient en même temps acte de prévoyance et d'habileté, en entourant de garanties nouvelles le recours à la justice du dernier des citoyens.

PARIS. — IMP. G. MARPON ET E. FLAMMARION, RUE RACINE, 26.

www.ingramcontent.com/pod-product-compliance
Ingram Content Group UK Ltd.
Pitfield, Milton Keynes, MK11 3LW, UK
UKHW020939120726
13693UKWH00004B/1420